AF370232

EDICT DV ROY,

PORTANT CREATION

& Establissement d'vne Cour des Aydes en la ville de Lyon.

Mars 1636.

Publié & enregistré en la grande Chancellerie de France, le 13. Iuin 1636.

A PARIS,

Par PIERRE ROCOLET, P. METTAYER, & A. ESTIENE, Imprimeurs ordinaires du Roy.

Au Palais en la Gallerie des Prisonniers, aux Armes du Roy & de la Ville.

M. DC. XXXVI.

Auec priuilege de sa Majesté.

OVIS par la grace de Dieu Roy de France & de Nauarre, A tous presens & à venir, Salut. Les Roys nos predecesseurs ont auec grande raison creé & estably des Cours des Aydes en aucunes Prouinces de nostre Royaume, pour iuger & terminer en dernier ressort les procés & differends qui naissent entre nos suiects, concernans nos Aydes, Tailles, & autres impositions qui se font sur eux, afin de distinguer lesdits procés d'auec les ordinaires, & que la Iustice fust plus promptement

A ij

renduë, dont ils ont receu du soula-
gement: Mais nous auons iournel-
lement des plaintes que ceux des
Generalitez de Lyonnois, Bour-
bonnois, Limoges, & païs voisins
grandement esloignez de nostre
ville de Paris, & autres villes où lesdites Cours sont establies, se consti-
tuent en de grands frais & despen-
ces par les longs voyages qu'il leur
conuient faire pour la poursuitte &
sollicitation desdits procez esdites
Cours; Encores que la pluspart
soient de legere importance qui
doiuent estre terminez sommaire-
ment, principallement ceux où nous
auons interest qui regardent la con-
seruation de nos droicts. A quoy
nous n'auons point trouué de reme-
de plus conuenable, Qu'en establis-
fant en nostre ville de Lyon vne

Cour Souueraine, composee de
nombre suffisant d'Officiers pour
connoistre des differends concernans nos Aydes, Tailles, Gabelles,
Impositiós & Douane dudit Lyon
qui se leuent en ladite Ville & Païs
qui l'auoisinent : En quoy faisant
nosdits suiects desdits Païs seront
redimez de vexation, & nous en
pourrons receuoir vn notable se-
cours pour satisfaire à partie des des-
pences de la guerre. A CES CAVSES,
Sçauoir faisons qu'apres auoir mis
cette affaire en deliberation en nostre Conseil, où estoient plusieurs
Princes, Officiers de nostre Cou-
ronne, & autres grands & notables
personnages; DE L'ADVIS d'iceluy, & de nostre certaine science,
pleine puissance & authorité Royal-
le: Auons par le present Edict per-

petuel & irreuocable, creé, erigé, &
estably, creons, erigeons & establissons en nostre Ville de Lyon vne
Cour Souueraine des Aydes , Laquelle nous voulons estre d'oresna-
uant qualifiée nostre Cour des Aydes establie audit Lyon, pour connoistre & iuger souuerainement &
en dernier ressort de toutes matieres
Ciuilles & Criminelles concernans
nos Aydes , Taillon , cruës, & autres leuées , impositions sur le vin,
& autres denrées & marchandi-
ses, Gabelles dependans de la ferme de Lyonnois, dicte à la part du
Royaume, Doüanne dudit Lyon,
Traicte de Foraines, octrois, subsi-
des, subuentions, emprunts , solde
des gens de guerre, logement d'i-
ceux, procés & differends des con-
trauentions de ladite Doüane, des

Officiers , Commis & Fermiers
pour la Iustice, perception desdites
impositions, Gabelles & Doüane,
administration & reglement de
leurs Offices, verification de Char-
tres , Priuileges, Annoblissemens,
affranchissemens , appellations qui
seront interiettées des Sentences &
iugemens qui seront rendus par les
Officiers des Eslections & greniers
à sel des Generalitez de Lyon, Mou-
lins & Limoges, & des Eslections
de Xaintes, & Mascon, Dioceses de
Mandé, Viuiers, & le Puy, & de
tous les Greniers à sel de ladite Ferme des Gabelles de Lyonnois dicte
à la part du Royaume, Bresse, Bugey,
Valromey, Bailliage de Gex & Vi-
uarests , excepté toutesfois les six
vingts Parroisses d'Auuergne , du
ressort de l'Eslection de Gannat, &

les Eslections dependantes de la
Cour des Aydes de Clermond-Fer-
rand , qui ressortiront en ladite
Cour, ainsi qu'il est accoustumé...
Cognoistra aussi & decidera nostredite Cour presentement creé pri-
uatiuement à tous autres Iuges des
Reglemens, punition & correction
des Officiers d'icelle : Ensemble de
tous les Officiers des Eslections &
Greniers à sel dudit ressort, Comptables & non Comptables, Receueurs & Controlleurs, tant generaux, que particuliers, Commis, Fermiers, & tous autres establis à la perception de tous nos susdits droicts
lors qu'il s'agira des fautes, abus, ou
maluersations cominises en l'exercice de leur charges, Commissions &
Fermes, & des differends concernans leurs priuileges , exemption,

rang

rang & fceance: Seront aufli exami-
nez & receus en icelle tous Iuges
& Officiers defpendans des Eflections & greniers à fel dudit reffort,
& generallement cognoiftra ladite
Cour de toutes les caufes & matieres concernans les chofes fufdites,
& de toutes autres, ainfi qu'en
connoiffent à prefent noftre Cour
des Aydes de Paris & autres où lef-
dites Eflections & Greniers à fel
reffortiffent à prefent: VOVLONS
que les Arrefts qui interuiendront
en noftredite Cour fur toutes lefdi-
tes matieres en l'eftenduë du reffort
fufdit, tant en fait Ciuil que Crimi-
nel, circonftances & dependances
foient executez fouuerainement
contre tous les habitans defdits
païs, fans qu'il leur foit loifible de
fe pourueoir contre lefdits Arrefts,

B

ſinon par les voyes de droict, per-
miſes par nos Ordonnances. Fai-
ſans tres-expreſſes deffences à noſdites Cours des Aydes, où leſdites
Eſlections & Greniers reſſortiſſent
à preſent, & tous autres Iuges de
prendre d'oreſnauant aucune Cour,
iuriſdiction & connoiſſance des
cas ſuſdits en l'eſtenduë dudit reſ-
ſort, & aux parties d'en faire aucunes pourſuittes eſdites Cours, ny ail-
leurs qu'en noſtredite Cour des Aydes de Lyon , à peine de nullité, caſ-
ſation de procedures des iugemens
& Arreſts qui interuiendront au có-
traire : Et pour compoſer noſtredite Cour des Aydes de Lyon, Nous
auons par le preſent Edict creé &
erigé, créons & erigeons en tiltre
d'Office formez , Quatre nos Conſeillers & Preſidents, dont l'vn aura

la qualité de Premier Prefident.
Vingt-deux nos Conſeillers Generaux deſdites Aydes, ſçauoir vingt
Laiz, & deux Clercs, qui pourront
neantmoins eſtre tenus par gens
d'Egliſe ou Laïques. Deux nos Conſeillers & Aduocats Generaux, vn
noſtre Conſeiller & Procureur General pour Nous. Deux nos Conſeillers Subſtituds dudit Procureur General : vn Greffier Ciuil & Crimi-
nel, & vn Controlleur dudit Greffe
hereditaire : Deux Maiſtres Clercs,
auſſi hereditaires, dont l'vn tiendra
l'Audiance : Trois nos Conſeillers
Receueurs & Payeurs, Ancien, Al-
ternatif, & Triennal, des gages des
Officiers de noſtredite Cour, qui
ſeront auſſi Receueurs des Aman-
des, menuës neceſſitez, & autres
droicts de ladite Cour. Trois nos

Conseillers & Controlleurs defdits Payeurs, vn Receueur hereditaire des Efpices de ladite Cour, vn Receueur & vn Controolleur des Confignations hereditaires, vn Greffier garde-facqs, & vn Controolleur de productiós auffi hereditaires. Vingt Procureurs poftulans hereditaires en ladite Cour, auec pouuoir de poftuler au Siege Prefidial, conferuation & autres iurifdictions dudit Lyon, vn premier Huiffier Buuetier, & cinq autres Huiffiers , auec pouuoir & faculté d'exploiter par tout noftre Royaume : & vn Concierge hereditaire qui fera auffi gar-&des prifons, aux mefmes hóneurs, pouuoir & iurifdiction, authoritez, prerogatiues, priuileges, exemptiós, fráchifes, libertez, droicts d'efpices, & autres droicts, profits, & efmo-

luments, dont iouyſſent les Officiers, & à l'inſtar de noſtre Cour.
des Aydes de Paris & autres de ce
Royaume, & aux gages, A ſçauoir
ledit premier Preſident de ſix mil
liures, Les trois autres Preſidents de
trois mil liures chacun, Les vingt-
deux Conſeillers generaux ſçauoir
les vingt Laiz deux mil liures chacun : & les deux Clercs mil liures
chacun. Les deux Aduocats Generaux deux mil liures chacun. Noſtre
Procureur General quatre mil liures. Les deux Subſtituds de noſtre-
dit Procureur General cinq cents
liures chacun. Les Greffier & Controlleur dudit Greffe mil liures chacun. Les trois Receueurs Payeurs
des gages de ladite Cour quinze
cents liures chacun : & trois deniers
pour liure de taxations de leur ma-

niément en l'année de leur exercice.
Les trois Controolleurs cinq cens
liures chacun. Le Receueur des Espices cinq cens liures : & deux sols
pour liure desdites Espices. Le Receueur des Consignations mil liures:
& six deniers pour liure du prix des
Adjudicatiós portées par les decrets
forcez & volontaires qui se ferót en
ladite Cour. Le Controlleur desdites
Consignations cinq cents liures : &
douze deniers pour liure des som-
mes portées par lesdits decrets. Le
premier Hussier Buuetier cinq cents
liures. Les cinq autres Huissiers deux
cents liures chacun : Et le Concierge garde des prisons, deux cents liures. Reuenans lesdits gages ensemble à la somme de soixante dix-sept
mil sept cens liures: De laquelle somme Nous voulons qu'il soit faict

fonds d'orefnauant par chacun an, à commencer du premier iour de Ianuier dernier, és eftats qui feront expediez en noftre Confeil de la recepte & defpenfe des deniers de ladite Ferme des Gabelles de Lyonnois dicte à la part du Royaume, fous le nom des Receueurs defdits gages qui feront en exercice ; Pour leur eftre icelle fomme payée par les Fermiers defdites Gabelles prefens & à venir, de quartier en quartier, & diftribuez par lefdits Payeurs aux officiers de noftredite Cour aufdits termes fous leurs fimples quittances, fans que ledit fonds puiffe eftre diuerty en quelque forte que ce foit ; Et à la charge d'en compter par lefdits payeurs par eftat pardeuant les Treforiers de France audit Lyon, Et en noftre Chambre des Comptes à

Paris : Et pour cet effect sera fait
fonds des Espices, façon & redditió
dudit compte, & de la somme de
quatre mil liures pour les menuës
necessitez de ladite Cour: Et quant
ausdits deux Maistres Clercs des
Greffes, Greffier, Garde sacqs, Controlleurs des productions, & Procureurs postulans n'auront aucuns
gages, ains iouyront chacun des
mesmes fonctions, droicts & esmo-
lumens attribuez aux Offices de
semblable qualité establis en nostredite Cour des Aydes de Paris.
Attribuons ausdits Presidens, Conseillers, nos Aduocats & Procureur Generaux, & leurs Substituds
en ladite Cour, le pouuoir de por-
ter la robbe rouge, & droict de pre-
sceances en toutes assemblées gene-
rales & particulieres, droict de Có-

mittimus

mittimus aux Requeſtes du Palais à
Paris , ou de noſtre Hoſtel a leur
choix pour leurs cauſes perſonnelles
de dix liures & au deſſus, droiĉt de
Franc-ſallé,& de tous autres droiĉts,
honneurs, & fonĉtions, ainſi & en
la meſme forme qu'en joüyſſent les
Officiers de noſtre Cour des Aydes
de Paris , & des autres Cours des
Aydes de noſtre Royaume: en con-
ſequence des Ediĉts & declarations
expediez en leur faueur,& tout ainſi
que ſi le tout eſtoit cy particuliere-
ment exprimé. Et pour donner
moyen à ceux qui ſeront pourueus
deſdites Offices de Preſidens, Conſeillers Generaux, Aduocats & Procureur Generaux, leurs Subſtituds,
Receueurs & Payeurs des gages, &
leurs Controlleurs & Huiſſiers de
bien deſſeruir leſdites charges ;

Nous voulons qu'aduenant le de-
ceds d'aucuns d'eux dans la presente
annee, & les deux prochaines leurs
Offices ne puissent estre vaccans ny
impetrables, ains qu'il soit permis
à leurs veufues & heritiers d'en dif-
poser, au profit de telles personnes
capables qu'ils aduiseront, sans
payer autre finance que le huictief-
me denier de l'eualuation desdits
Offices: Ensemble le droit de marc-
dor, Et apres ledit temps lesdits Officiers seront receus au payement du
droict annuel durant six annees sans
faire aucun prest ny aduance : Et
quand ausdites Offices de Greffier
en ladite Cour, Controlleurs dudit
Greffe, Maistres Clercs, Greffiers,
Gardesacqs, Controlleurs des productions, Receueurs & Controlleurs des Consignations , Rece-

ueurs des Espices , & Concierge, Garde des prisons, les pourueus & leurs successeurs ausdits Offices en iouiront hereditairemét sans qu'eux leurs heritiers, ou ayans cause en puissent estre depossedez, sinon en les remboursant comptant à vn seul payement de la Finance qu'ils auront payée pour lesdites Offices, frais & loyaux cousts. Et d'autant que l'intitulation de nostre nom, & l'impression de nostre sceau est necessaire pour authoriser les Arrests & autres Actes de Iustice, qui seront rendus en nostredite Cour. Novs auons par nostre present Edict, creé, erigé & estably, creons, erigeons, & establissons en nostredite Ville de Lyon pres nostredite Cour des Aydes, & pour tout le ressort d'icelle, vne Chancellerie, en laquelle feront feellez tous les Arrefts, Executoires, Requeftes Ciuilles, Lettres & Relief d'appel, Anticipations, Acquiefcemens, Conuerfions d'appel en oppofition, Defertions, Refcifions, Reftitutions en entier pour articuler faicts nouueaux, Lettres d'affiette de cent cinquante liures & au deffous, & toutes autres fortes de Lettres de Iuftice concernans la Iurifdiction & connoiffance de noftredite Cour des Aydes, felon & auec les claufes & le mefme ordre que le contiennent nos Edicts, Declarations, & Arrefts fur le fait de nos autres Chancelleries eftablies pres des autres Cours de noftredit Royaume. VOVLONS à cét effect qu'il foit fabriqué vn fceau pour l'exercice de laditeChancellerie, où nos armes feront gra-

uees de pareille grandeur que celuy
qui sert à present aux Chancelleries
establies pres nos Cours des Aydes,
& qu'en la circonference il soit mis
seel de la Chancellerie establie pres
la Cour des Aydes de Lyon; Auec
l'annee de la fabrication d'iceluy,&
laquelle Chancellerie sera composee du nombre des Officiers cy-
apres declarez. Que nous creons &
erigeons pareillemét en tiltre d'Office; Sçauoir, vn Garde des Sceaux
de nostredite Chancellerie, dót sera
pourueu vn de nos Conseillers de
nostredite Cour aux gages de cinq
cens liures par an que nous luy attribuons: Vn nostre Conseiller Au-
diencier, Nottaire & Secretaire en
ladite Cour: Vn nostre Conseiller
Controlleur, Nottaire & Secretaire en icelle aux gages de six cens li-

ures chacun par an: Vn noſtre Conſeiller Refferendaire aux gages de deux cens liures auſſi par an: Vn Chauffecire hereditaire aux gages de deux cens liures par an: vn Huiſſier garde-porte exploictant par tout noſtre Royaume aux gages de cinquante liures auſſi par an: Et deux Commis de l'Audience pour receuoir les droicts & eſmolumens de Sceau aux gages de ſoixante quinze liures chacun; Tovs leſdits gages à les auoir & prendre par leſdits Officiers, & en eſtre payez par les Receueurs des gages de noſtredite Cour de la meſme nature de deniers, ordonnée pour ceux des Officiers d'icelle: Dont ſera à cette fin fait fonds auec les gages deſdits Officiers, & aux meſmes honneurs, authoritez, prerogatiues, preemi-

nences, franchifes, libertez, priuileges, exemptions, rang, feance, tant
aux Affemblees generalles que particulieres, droicts, fruicts, proffits,
reuenus & efmolumens qui ont efté
concedez, & dont iouïffent nos
autres Officiers de femblable qualité, fpecialement aufdits Audiancier
& Controlleur les droicts de bour-
ace de Regiftre, de Clerc & de Cire,
tels & ainfi qu'ils ont efté attribuez
aux Audianciers & Controlleurs de
nos autres Chancelleries, auec droit
de furuiuance à l'Audiancier, & au
Controlleur pour la premiere fois
fans payer aucune Finance. V o v-
lons & ordonnós en outre que les
droicts de Sceau des lettres & expe-
ditions qui feront feellées en ladite
Chancellerie foient taxées & payées
à la mefme raifon qu'il eft fait en

noſdites autres Chancelleries : Et
que le Controlle, Regiſtre, Popu-
lots & deliurance en ſoient faits par
l'ordre, practiqué & obſerué en icelle, & ſans exception: Et comme ſi
le tout eſtoit cy par le menu plus au
long exprimé & ſpecifié. Pour à tous
leſdits Offices créez par le preſent
Edict eſtre des à preſent par nous
pourueu de perſonnes capables. Et
cy-apres quand vaccation eſcherra
aux Caſuels par mort ou reſigna-
tion, meſmes aux domaniaux & hereditaires à toutes mutations, ſoit
par nous, ou nos ſucceſſeurs Roys:
Comme auſſi aux Refferendaires,
Controlleurs, Commis & Huiſſier
de ladite Chancellerie, à la nomi-
nation de nos Chanceliers, ainſi
qu'il ſe practique pour les autres
Chancelleries. Sɪ ᴅᴏɴɴᴏɴs

EN

ET MANDEMENT à noſtre
tres-cher & feal le ſieur Seguier
Dautruy, Cheualier, Chancelier de
France, Que noſtre preſent Edict
il faſſe lire & publier en noſtre grande Chancellerie le Seau tenant, &
iceluy regiſtrer és Regiſtres de l'Audiance d'icelle : Et à nos amez &
feaux Conſeillers les gens de nos
Comptes à Paris, Preſidens, Thre-
ſoriers de France, & Generaux de
nos Finances, au Bureau eſtably à
Lyon, chacune endroict ſoy, de
faire pareillement regiſtrer le preſent Edict purement & ſimplement, -
paſſer & alloüer leſdits gages en la
deſpenſe des Eſtats & Comptes des
Receueurs & Payeurs d'iceux, ſans
difficulté : CAR tel eſt noſtre plai-
ſir, Nonobſtant quelconques Ordonnances, Edicts, Reglemens, &

D

Lettres à ce contraires ; Aufquelles, & à la derogatoire des derogatoires y contenuës , nous auons defrogé & defrogeons : Et les affignations & empefchemens qui fe pourroient former audit enregiſtrement, dont ſi aucunes interuiennent , nous en retenons la cognoiſſance en noſtre Conſeil, Et l'interdiſons & deffendons à toutes nos Cours & autres Iuges : Et fera adjouſté foy aux copies deuëment collationnées par l'vn de nos amez & feaux Conſeillers & Secretaires, cóme au preſent Original ; auquel, afin que ce foit choſe ferme & ſtable à touſiours , Nous auons fait mettre noſtre Seel : Sauf en autres choſes noſtre droict, & l'autruy en toutes. Donné à Sainct Germain en Laye , au mois de Mars l'an de grace mil ſix cents trente-ſix,

& de noſtre regne le vingt ſixieſme.
Et plus bas, Par le Roy, S V B L E T:
& à coſté Viſa. Et ſeelié du grand
Sceau de cire verte en lacs de ſoye.

Leu, publié, le Seau tenant, de l'ordon-
nance de Monſeigneur Seguier Dautruy, Cheualier, Chancelier de France;
moy, Conſeiller du Roy en ſes Conſeils
& grand Audiancier de France, preſent.
Et regiſtrées és regiſtres de l'audiance de
France à Paris le treizieſme iour de Iuin
mil ſix cents trente-ſix.   Signé,

LYONNE.